GÉRARD GRÉE

# *Martine*
## *apprend à nager*

**GILBERT DELAHAYE - MARCEL MARLIER**

Casterman 1975
roits de traduction et de reproduction réservés pour tous pays.
BN 2-203-10125-3

Nager n'est pas plus difficile que rouler à bicyclette. C'est une question d'habitude.

Bien sûr, cela s'apprend. Si vous désirez suivre des leçons et que maman est d'accord, inscrivez-vous au Club des Tritons avec Martine.

Souvent, c'est ainsi que cela se passe :

— Bonjour! dit le moniteur; comment t'appelles-tu?

— Je m'appelle Martine. Je voudrais apprendre à nager.

— Tu as quel âge?

— J'ai sept ans.

— C'est parfait... Justement, nous allons commencer les exercices. Tu choisis une cabine et tu nous rejoins vite.

Martine se déshabille dans la cabine. Elle prépare sa serviette, range ses affaires, cherche son bonnet.

Ses compagnes l'attendent. Que fait-elle donc ?... Ah ! la voilà !

On fait connaissance. (— Ici, au Club des Tritons, il n'y a que des amis, tu verras, Martine.)

— Moi, je suis Suzanne. Elle, c'est Anne-Marie. Et voici mon cousin Frédéric.

— Il est joli, ton bonnet rose, Martine !

— Veux-tu m'aider à serrer la boucle ?

— Allons, allons, dépêchons-nous ! fait le moniteur.

Maintenant, vite à la douche!

— Que c'est froid!

— Moi, j'aime ça. Toi pas? demande Frédéric.

Bravo, Frédéric, tu es un vrai Triton! Ce n'est pas comme le petit chien de Martine, qui a toujours peur de s'enrhumer!

— Eh bien, Patapouf, qu'est-ce que tu as? Tu es malade?

— Tu ne vois pas que je suis tout mouillé à cause de toi?

— C'est amusant, pourtant, d'aller sous la douche!

Avant d'apprendre à nager, il faut s'habituer à l'eau.

PREMIÈRE LEÇON :
jouer dans l'eau.

Rien de plus simple ! N'importe qui pourrait en faire autant. Mais encore faut-il savoir ouvrir les yeux dans l'eau. Qui trouvera le collier de coquillages au fond de la piscine ? Anne-Marie ? Suzanne ? Frédéric ?...
Non, c'est Martine qui a repêché le collier.

— Tu ne sais pas flotter sur l'eau, Martine? Je vais te l'apprendre,
dit Suzanne... Renverse-toi sur le dos, les jambes allongées, les
bras le long du corps... Laisse-toi aller. C'est ainsi qu'on fait la
planche.

DEUXIÈME LEÇON : faire la flèche.

— Lance-toi dans l'eau bien à plat, comme ceci, droit devant toi et le plus loin possible. Les bras et les jambes tendus, dit le moniteur.

— C'est merveilleux! pense Martine qui vient de s'élancer. Je ne coule pas. J'avance dans l'eau comme un poisson.

DE LA TROISIÈME À LA SEPTIÈME LEÇON :

apprendre les mouvements; s'exercer à respirer correctement.

*Mouvement des jambes :*

— Il faut faire le mouvement des jambes en gardant les bras droits et la tête hors de l'eau, explique le moniteur... Une : amener les pieds contre le corps à la position de départ... Deux : allonger les jambes en les écartant... Trois : rapprocher les jambes l'une contre l'autre. Sans éclabousser, s'il vous plaît!

Oh là là! Martine s'énerve!

— Pas si vite, Martine, pas si vite!

10

*Mouvement des bras :*

— Allonge les bras, les mains jointes... écarte les bras en croix... ramène les mains sous le menton... Encore une fois... Très bien. Respire à ton aise, Martine. Mais non, pas n'importe comment! Tu dois respirer en mesure, c'est important, sinon tu vas t'essouffler.

Martine s'exerce avec application. Elle voudrait bien savoir nager comme le moniteur. Cela viendra sûrement un jour, si elle persévère.

Encore une, deux, trois, quatre leçons et Martine pourra faire la brasse dans la grande piscine. C'est chic, n'est-ce pas?

Rien que d'y penser, cela lui donne du courage.

**HUITIÈME LEÇON :** nager.

Donc, à la huitième leçon, comme le moniteur l'avait promis, Martine commence à nager toute seule.

Elle n'oublie pas les conseils du moniteur : coordonner les mouvements des bras et des jambes, inspirer en écartant les bras, expirer en ramenant les mains sous le menton.

Quand on désire vraiment apprendre à nager, on finit toujours par y arriver. Faites comme Martine. Ne dites pas : « Je ne saurai jamais ! » Bien sûr, cela n'est pas encore parfait. Dans la grande piscine, Martine a un peu le trac, mais avec de l'entraînement, cela passera.

## NEUVIÈME LEÇON : plonger, sauter...

Il y a de nombreuses façons de plonger : assis, accroupi, debout...

À présent que Martine sait nager convenablement, le moniteur lui a expliqué comment plonger du bord de la piscine : les bras collés aux oreilles et tendus dans le prolongement du corps, le tronc penché en avant.

— Allez, Martine! Lance-toi. Une, deux et... et... « Si Frédéric voulait bien s'écarter du bord... »

— Va-t-elle se décider, oui ou non? se demande Patapouf.

Pourquoi pas?

— Une, deux, trois, répète le moniteur, et Martine plonge.

Gare aux éclaboussures!... (Vous riez. Et pourtant, tout le monde oserait-il en faire autant?)

Plonger pour la première fois, ce n'est pas drôle. Il ne s'agit pas de tomber à plat ventre mais de pénétrer dans l'eau sans bruit, en souplesse.

Quand on a réussi, quel plaisir de recommencer!

Patapouf imiterait volontiers sa maîtresse. Pensez donc, ce n'est pas l'envie qui lui manque! Mais les petits chiens ne sont pas autorisés à plonger dans la piscine.

Qui sait nager se sent léger comme un bouchon dans l'eau. Tu peux jouer à saute-mouton avec les amis. Tu plonges ici... (Tiens, où est passée Martine ?)... et tu ressors là-bas. Tu fais du « sur place » (on dirait que tu pédales dans l'eau). Tout à coup, hop ! tu fais le poirier... comme un canard.

On ne s'ennuie pas au Club des Tritons !

Le plus amusant c'est de se laisser basculer dans l'eau comme ceci, regarde...

Voilà un excellent exercice. Quand Martine tombe à l'eau, elle sait toujours se tirer d'affaire.

Aujourd'hui, c'est jour de fête au club de natation. On a organisé un match de water-polo entre les Tritons et les Dauphins. Les parents et les amis de Martine sont venus l'encourager.

La partie semble très disputée.

— Moi, je parie pour les Tritons!

— Oui, mais les Dauphins sont les plus forts.

Qui l'emportera : les Dauphins? les Tritons?

Eh bien! croyez-moi si vous voulez, ce fut un match nul.

Les Tritons et les Dauphins sont tous des as.

Juste avant les vacances, Martine a reçu son brevet de Triton. Une chance, non?

Depuis, vous devinez bien qu'elle ne manque jamais l'occasion de s'entraîner.

D'ailleurs, son frère Jean, papa, maman, tout le monde nage dans la famille de Martine. Oui, tout le monde, même Patapouf!

Et c'est justement ce qui est épatant. Par exemple, à la mer, cet été, on s'amusera comme quatre avec lui. Pardi! il nage presque aussi bien qu'une anguille!

Une chose que Patapouf ne fera sûrement jamais, c'est plonger du haut de la girafe.

Mieux vaut réserver cet exercice aux grandes personnes qui ne connaissent pas le vertige.

Martine, elle, ne plonge que du premier étage. Ce qui n'est déjà pas si mal : il faut avoir une certaine expérience.

Vous savez, un vrai Triton est toujours prudent. Il connaît le « code du bon nageur » :

- Ne pas aller à l'eau après avoir mangé ni lorsqu'on est en sueur.
- À la mer, ne pas s'éloigner de la côte... surtout à la marée descendante !
- Ne jamais se baigner en dehors des endroits autorisés.
- Toujours suivre les conseils ou les indications du moniteur.

À propos, connaissez-vous le maître-nageur qui surveille la plage ? Il est devenu le meilleur ami de Martine et de Patapouf.

On croit que les accidents n'arrivent qu'aux autres, aux imprudents. Mais quelquefois on s'aventure un peu loin...

Passe un hors-bord : « Bonjour, les amis, bonjour ! »... Une, deux, trois vagues, et plouf ! voilà Martine et Patapouf à l'eau...

Heureusement qu'ils s'en sont bien tirés !

Vous savez nager, sans doute ?

Non ? Alors, faites comme Martine : apprenez !
C'est facile !

Mais non, pas sur une chaise. Dans l'eau, comme
tout le monde ! Surtout n'hésitez pas !

Nager, il n'y a rien de tel pour rester en forme.
Vive l'eau, n'est-ce pas, Martine ?

— Bien sûr ! Et « toujours joyeux », c'est la
devise des Tritons.

Imprimé en Belgique par Casterman, s.a., Tournai, août 1981. N° édit.-impr. 1344.
Dépôt légal : 4ᵉ trimestre 1975; D. 1975/0053/126.